AF331859

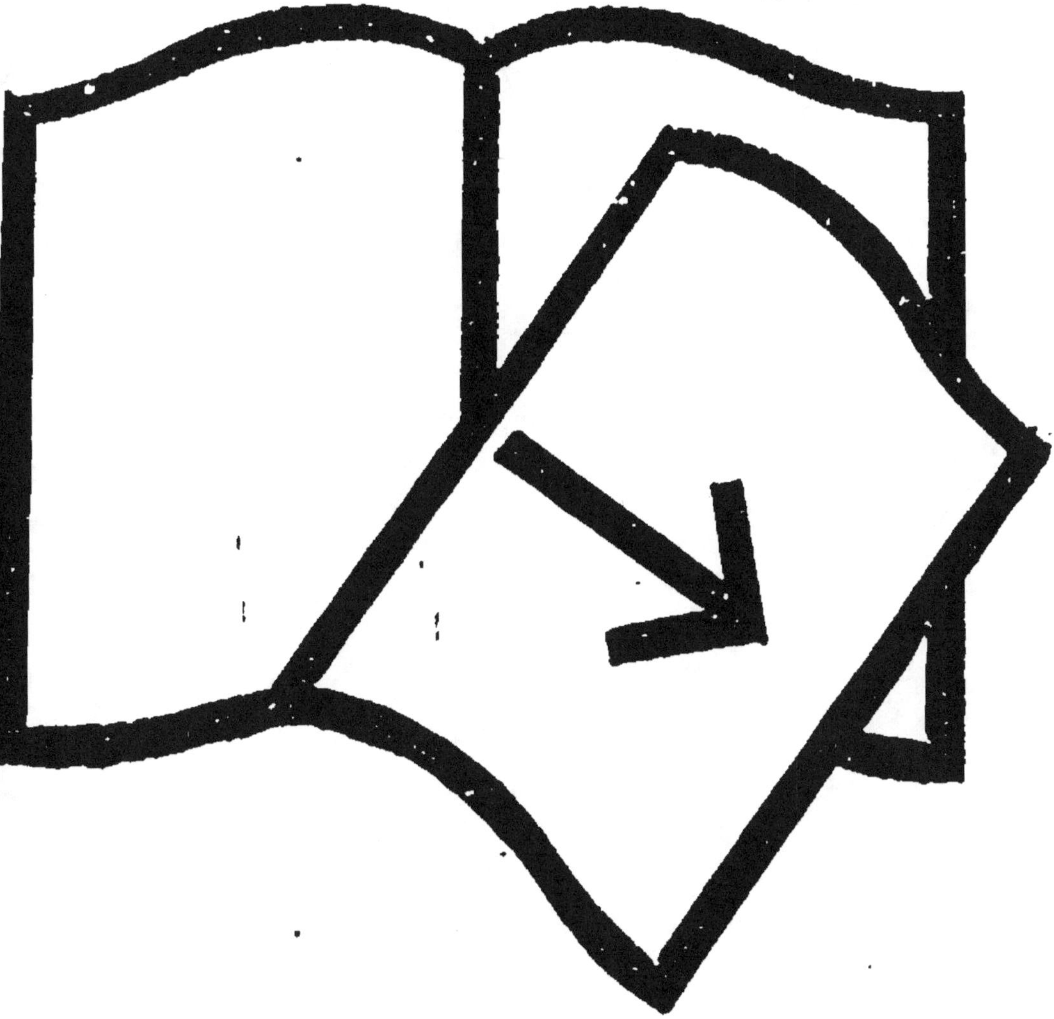

Couvertures supérieure et inférieure
manquantes

A. M. D. G.

SOUVENIR

DE LA

FÊTE RÉPARATRICE

D'AIMARGUES

25 Avril 1897

E. R.

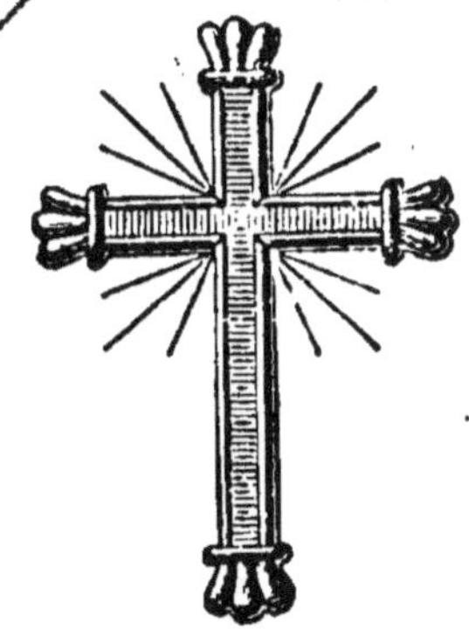

O felix culpa !

Fluctuat nec mergitur

NIMES

IMPRIMERIE TYPOGRAPHIQUE LAFARE FRÈRES

1, Place de la Couronne, 1

—

1897

MÉMORIAL

DE LA

FÊTE RÉPARATRICE D'AIMARGUES

---

25 Avril 1897

I

A la demande générale des fidèles d'Aimargues et sur l'invitation expresse du vénérable curé doyen M. Calvas, nous avons essayé de donner dans ces quelques feuilles l'analyse, aussi détaillée que possible, des fêtes réparatrices au sujet d'une croix profanée et brisée. Par suite de la lâcheté et de l'infamie du crime commis et du retentissement qu'il avait provoqué, il importait pour l'honneur de notre sainte Religion, de donner à cette fête expiatoire une notoriété et une publicité encore plus grandes : c'est dans cette intention que nous nous sommes mis à l'ouvrage. Nous nous faisons l'interprête de l'indignation universelle. Nous consignons dans cet écrit la profanation et la réparation pour en perpétuer longtemps le souvenir parmi cette population sincèrement chrétienne et profondément attachée à sa foi. Il convient de conserver précieusement les belles actions qui honorent une cité, comme il convient de laisser tomber dans l'oubli celles qui la déshonorent et la dégradent. L'action dont Aimargues vient de s'illustrer mérite d'être à tout jamais célèbre. Elle proclame à l'envi la ferveur et la vivacité touchantes de sa foi, la sincérité de ses convictions religieuses et son amour inébranlable pour tout ce qui est divin : elle annonce bien haut que la foi de cette population est loin d'être entamée et qu'elle y a des racines profondes. Jusqu'à l'heure actuelle Aimargues a brillé surtout par l'éclat de sa foi et son union avec elle. Ses ennemis se plaisaient à dire que ce beau temps allait enfin avoir un terme ; ils ont été déçus. Cette fête inoubliable a détruit leurs espérances. Elle a ressuscité les beaux jours de la cité chrétienne et la fidélité de ses enfants à leur foi et à leurs croyances.

Puissent ces quelques feuilles, inspirées par ces sentiments de piété et de noble indignation, répondre aux désirs de chacun et à l'attente générale ! Puissent-elles apporter quelque consolation et quelque dédommagement à notre foi si cruellement éprouvée !

II

« Deus exaltavit illum. »

Parmi les signes symboliques de notre sainte Religion il n'en est pas de plus respectable que le signe de la croix. Depuis que le Fils de Dieu, N. S. Jésus-Christ, l'a en quelque façon divinisée par ses souffrances, dont cette croix a été l'instrument, et par son sang, dont elle a été arrosée, elle est devenue un objet de vénération et d'amour.

Le supplice de la croix chez les juifs, était un supplice ignominieux réservé aux esclaves coupables. Cette peine avait un caractère infâmant qui dégradait la victime et la vouait au mépris public. Il a fallu cette auguste circonstance de la mort de Jésus-Christ pour l'imposer au respect de tous. Quelle est la nature de cette vénération ? Le culte que nous rendons à la croix n'est pas un culte d'adoration absolue ainsi que nous le reprochent les hérétiques : le culte de *latrie* n'est dû qu'à Dieu seul comme créateur et souverain Seigneur de toutes choses. Il existe un culte secondaire qu'on nomme relatif, culte de vénération, de piété, d'amour, de respect et c'est celui que nous rendons au signe de notre salut. En d'autres termes ce n'est pas la matière dont la croix se compose que nous adorons, fut-elle d'une matière précieuse, mais notre culte s'élève plus haut et honore dans ce signe matériel l'image de Celui qui est mort pour nous sur une croix. Au reproche que Julien l'Apostat faisait aux chrétiens du ive siècle d'adorer le bois de la croix, saint Cyrille répondait que Jésus-Christ en mourant sur la croix, a racheté, converti et sanctifié le monde: « La croix, disait-il, nous en fait souvenir : nous l'honorons donc parce qu'elle nous avertit que nous devons vivre pour Celui qui est mort pour nous. » Le culte de la croix est donc un culte *de relation*. La tradition chrétienne n'est pas la seule preuve de ce culte que nous lui rendons : relisez ces belles paroles de l'apôtre saint Paul, dans son épître aux Galates : « Jésus-Christ s'est humilié lui-même, il s'est fait obéissant jusqu'à la mort, jusqu'à la mort de la *croix*. C'est pourquoi Dieu l'a exalté et lui a donné un nom qui est au-dessus de tous les noms : de sorte qu'au nom de Jésus tout ce qui est au ciel, sur la terre et aux enfers fléchit le genou, et que toute langue confesse que N. S. Jésus Christ est dans la gloire de Dieu le Père. » Le témoignage des Pères de l'Église corrobore celui des Saintes Écritures; voici ce que dit Tertullien : « A toutes nos actions, lorsque nous entrons ou sortons, lorsque nous prenons nos habits, que nous allons au bain, à table, au lit, que nous prenons une chaise ou une lumière, nous formons *la croix* sur notre front. Ces sortes de pratiques ne sont point commandées par une *loi formelle* de l'Écriture ; mais la tradition les enseigne, la coutume les confirme et la foi les observe. » Ces textes sont assez concluants et il est inutile, ce semble, d'en citer d'autres. Ils viennent tous à l'appui de cette grande vérité que la croix ayant été l'instrument de notre Rédemption, elle devient par ce fait un objet très respectable et digne de solliciter notre respect, notre vénération et nos prières. Nous pouvons l'invoquer avec confiance, nous agenouiller devant elle et lui adresser nos hommages.

Quand nous perdons des êtres chéris, nous conservons avec un soin jaloux des objets qui leur ont appartenu; nous gardons à ces objets matériels une sorte de culte qui serait incompréhensible s'il ne s'appliquait pas par l'amour, la fidélité ou le dévouement qui nous unissaient à ces amis ou parents perdus. Ce qui se passe dans un ordre purement humain n'aurait donc pas lieu dans un ordre divin et surnaturel? On nous reprocherait ce culte que nous avons pour les choses qui regardent notre salut et l'on ne nous reprocherait pas ce même culte que nous gardons à des choses accidentelles et transitoires? Le bon sens fait entendre sa grande voix et vient légitimer de son autorité l'adoration relative que nous adressons à la croix.

Ce respect, dû au signe de notre salut, détermina, en l'an 326, la mère de l'empereur Constantin, sainte Hélène à faire des fouilles au Calvaire pour y retrouver la croix ensevelie à cette même place après la Passion. On l'y découvrit avec deux autres d'égales dimensions qui avaient appartenu sans doute aux deux larrons. Un prodige permit à la pieuse princesse de reconnaître la croix du Sauveur. C'est en ce souvenir que fut construite là même la basilique de la Sainte-Croix. En 614 Chosroës, roi de Perse, s'étant emparé de Jérusalem, prit la sainte croix renfermée dans une châsse d'argent et l'emporta en Perse. Mais en 628 Chosroës ayant été vaincu à son tour, fut obligé de soumettre aux conditions de son vainqueur dont la première était de rendre la précieuse relique. L'Église rappelle ces souvenirs par deux fêtes qu'elle a instituées, la première sous le nom de l'Invention de la Sainte-Croix, fixée au 3 mai et la seconde sous le nom d'Exaltation, fixée au 14 septembre. Voilà surtout de magnifiques témoignages pour prouver la légitimité de notre culte.

L'Église s'est emparée de ce signe sacré et elle en a fait son symbole et son drapeau : elle en multiplie les applications. On retrouve le signe de la croix dans toutes ses cérémonies, dans l'administration des Sacrements, dans le saint sacrifice de la messe, etc... Bien plus encore, elle en fait des reproductions matérielles et des représentations sensibles ; on les retrouve encore aujourd'hui gravées ou peintes sur les sépulcres primitifs des catacombes et sur leurs vieilles parois. Mais depuis que la croix a eu sa place au soleil avec l'avènement de Constantin, la statuaire antique et moderne s'en est emparée pour en faire des chefs-d'œuvre. Aujourd'hui la croix brille à tous nos regards au sommet des églises, sur les clochers élancés, sur les maisons religieuses, dans les cimetières et le long des routes. Elle s'élève partout comme le symbole de nos espérances et le gage de notre salut. Placée à la partie la plus élevée de nos temples, elle nous enseigne que notre patrie est là-haut et que nous ne sommes ici-bas que des exilés. Placée sur les chemins publics, elle nous apprend que le chemin du ciel est pénible mais non impossible. Placée sur notre tombe, elle nous dit que la mort est un sommeil dans l'attente de la Résurrection.

L'autorité de l'Église, ses traditions vénérables, la Sainte Écriture, l'histoire et le bon sens s'accordent admirablement pour nous enseigner le respect et le culte de la croix. Le signe de la croix, étant donc le signe du chrétien, nous lui de-

vons une confiance et une vénération singulières. Profaner
ce signe, c'est donc profaner Celui qui l'a couvert de son sang.
Aimons à le tracer souvent sur nous-mêmes aux heures de la
tentation, dans nos tristesses et chaque fois que nous accom-
plissons quelque devoir religieux. Une croix s'offre-t-elle à
notre vue inclinons-nous avec respect devant elle, en lui di-
sant : « *O crux, ave, spes unica !* » Elle est l'instrument de notre salut, la garantie de notre bonheur et l'aurore de notre
immortalité !

III

« *O Crux, ave* »

Golgotha! Golgotha! sur tes cimes pierreuses,
Jésus de Nazareth, le Fils du Dieu vivant,
Dans l'excès de douleurs et d'une mort affreuse,
A racheté jadis le monde avec son sang.

O témoin glorieux des souffrances divines,
La Croix sur ton sommet a levé ses deux bras
Pour relever enfin la terre des ruines
Assise dans l'erreur à l'ombre du trépas.

O mont, le sang divin a coulé sur tes cimes.
Et de là sur le monde à flots s'est répandu,
Apportant le pardon à la place des crimes,
A la place du vice apportant la vertu.

O Golgotha, ton ombre a couvert tous les mondes,
Tes peuples ont trouvé le salut près de toi.
Ils se sont abreuvés à tes célestes ondes.
O Sinaï divin, ils ont reçu la loi.

Sur toi fut prononcé le dernier cri de l'âme
Que le Fils de David jeta vers l'infini ;
Pendant que l'insultait un peuple vil, infâme,
Il s'écriait : « *Eli, lamma sabacthani !* »

Et l'écho répéta le cri de son supplice,
Jusqu'en tes fondements, Golgotha, tu bondis,
Comme le bélier au bord du précipice,
Comme l'agneau qui paît l'herbe des près fleuris.

Sur toi s'est accompli l'oracle du prophète,
Jésus est devenu l'opprobre des humains.
Les peuples qui passaient, on dit, branlant la tête,
«Puisqu'il est Dieu, que Dieu l'arrache de nos mains.»

O vous tous qui passez avec indifférence.
Voyez s'il est douleur semblable à sa douleur,
Le Seigneur sur son Fils exerce sa vengeance,
Et comme un raisin mûr il le foule en fureur.

Les tombes à tes pieds ont rendu leurs victimes;
Pâles, échevelés, les morts ont apparu,
Et de ces insensés ils ont pleuré les crimes,
Ils ont pleuré la mort du Juste méconnu.

Golgotha, chaste autel, où la sainte Victime
En laissant sur tes flancs couler le sang un jour,
Brise l'ancienne loi sur ton sommet sublime,
Et commence pour nous le règne de l'amour.

Isaac au bûcher présenté par son père
D'un plus beau sacrifice annonçait l'avenir,
Et figurait par là le douloureux mystère
Que David prédisait : la mort du Dieu martyr.

Ainsi du fils d'Amos s'accomplissait l'oracle :
Jésus de tes sommets règne sur l'univers,
La terre à nos regards offre un plus beau spectacle
L'esclave devient libre et dépose ses fers.

Les rois sur leurs sujets règnent avec justice,
L'enfant reprend ses droits à l'amour paternel,
Le faible auprès de Dieu trouve un secours propice,
Le misérable un toit et le prêtre un autel.

Comme une douce pluie, ou comme la rosée
Rafraîchit le désert et l'herbe du vallon,
Ainsi le sang divin à la terre brisée
Apporte la douceur, la paix et le pardon.

Golgotha, ton sommet d'espérance rayonne,
Salut, sol consacré par la Divinité !
Ton front est lumineux ; la Croix qui te couronne
Sur le monde répand sa divine clarté.

Les chemins de Sion jadis dans la tristesse
Frémissent de bonheur, d'harmonie et d'émoi :
Un peuple adorateur en flots nombreux s'empresse
Autour de ce berceau glorieux de sa foi.

Salut, nouveau Thabor, radieuse couronne
De la gloire d'un Dieu mort pour notre salut !
Il règne sur sa Croix, tel un roi sur son trône,
Comme autrefois David le chantait sur son luth.

Dix-huit siècles passés ont affermi ta gloire ;
Ses peuples ont ouvert leurs yeux longtemps fermés
La Vérité sur eux célèbre sa victoire,
Et la Paix parmi nous triomphe désormais !

Dix-huit siècles passés ont baisé la poussière
Que les pieds du Sauveur foulèrent autrefois :
Et les fils de nos rois, l'enfant de la chaumière
Ensemble ont adoré la Croix du Roi des rois ! ! !

IV

« Gloria et honore coronasti eum. »

Lorsque le voyageur part de Nimes pour se diriger sur
Aiguesmortes, la cité des Croisés, il aperçoit à sa droite les
hauteurs de la Vaunage qui fuient à l'horizon en longues
chaînes onduleuses pour se relier au massif des Cévennes ; à
sa gauche, une série de collines sablonneuses qui vont aboutir
à la région des marécages. La vallée formée par ces deux
chaînes montagneuses va s'élargissant vers le sud en une
immense plaine, toute concertée d'innombrables villages. Les
arbres sont rares ; quelques oliviers apparaissent çà et là
avec leur feuillage terne ; quelques rares peupliers bordent
un ruisseau, le Vistre, dont le cours sinueux traverse la
plaine en grande partie. Les vignes seules recouvrent cette
vaste étendue de leurs lignes symétriques et régulières. Du
milieu de la plaine émerge tout à coup dans un massif de
platanes la silhouette élancée de l'église paroissiale d'Aimargues. Une double rangée d'arbres entoure la petite cité d'une

verdoyante ceinture et lui donne un cachet d'élégance et de
poésie.

Aimargues est une des plus anciennes villes du départe-
ment. Elle est d'origine gallo-romaine et s'il faut en croire la
tradition elle dut sa fondation à un mariage contracté entre le
fils d'un gouverneur de Nimes et la fille de celui de Lunel,
nommée *Aemilla*, qui eut pour dot la contrée actuelle, d'où le
nom d'Aimargues (*Aemiliæ ager*).

D'après une autre légende, Simon le lépreux se rendant à
Maguelone (Hérault) pour y créer le diocèse de ce nom, se
serait arrêté à Aimargues, qui se trouvait sur sa route, et y
aurait construit la première église qu'il aurait dédiée à la
Sainte Croix. Cette pieuse coïncidence vouée à la croix dans
un sujet qui en traite n'est pas pour nous sans intérêt. Nous
aimons à retrouver là les origines de cette profonde vénération qu'Aimargues a toujours eue pour la croix et qu'elle a
renouvelée en ces jours.

A mesure que ces temps éloignés se rapprochent de nous
les faits historiques se précisent et se conservent mieux. Saint
Louis, avant de prendre la mer à Aiguesmortes pour sa première croisade, s'arrête à Aimargues avec son armée. Cette
nouvelle particularité ajoute encore à l'intérêt de ce récit.
Toute la noblesse française, à l'exemple du roi très chrétien,
prenait la croix contre les infidèles qui détenaient et profa-
naient les saints lieux où le Fils de Dieu avait été crucifié et
enseveli. Hélas ! en rappelant ces faits il semble que nous re-
latons des faits encore tous récents. Changez les dates, le
fond est le même ; au xixᵉ siècle comme au xiiiᵉ siècle on brise
et profane les croix ! Faut-il attribuer au passage du saint roi
dans nos murs les armoiries dont Aimargues s'enorgueillit à
juste titre ? Elles rappellent celles de la ville de Paris ; mais
au lieu d'un navire qui flotte sur les eaux elles portent une
croix ballotée par les ondes agitées, avec ces mots en exer-
gue : « *Fluctuat nec mergitur* » — Elle flotte mais ne sombre
pas. — Durant les guerres de Religion l'antique cité eut aussi
ses jours d'agitation, mais grâce à ses solides murailles, à
l'union parfaite de ses habitants et surtout à la vive ardeur de
sa foi, elle compta peu de défection dans son sein et eut la
grâce de demeurer catholique alors qu'autour d'elle l'hérésie
faisait d'énormes ravages. A la paix d'Alais, 1629, elle recou-
vra sa liberté et sa tranquilité.

Pour ce rapide aperçu historique il nous a été donné d'admirer la foi profonde qui a toujours animé notre population. Elle a donné durant de longues années l'hospitalité à des religieux récollets qui avaient en dehors de la ville un monastère florissant. Elle possédait en outre une confrérie de Pénitents gris dont on regrette aujourd'hui la disparition et qui ont rendu à la localité de réels services. Les Pénitents comptaient de trois cents à quatre cents membres qu'on admettait dès l'âge le plus tendre : ils avaient un costume, des lois et une chapelle à eux. Ils récitaient l'office fréquemment et dans toutes les cérémonies religieuses, auxquelles ils coopéraient, avaient une place d'honneur. Une de leurs coutumes était de planter chaque année une croix le jour du 3 mai, fête de l'Invention de la sainte Croix. Rien n'était plus édifiant que l'érection annuelle et solennelle de cette croix, à laquelle toute la population participait. Les Pénitents avec leur Prieur marchaient nu-pieds, escortant avec piété, revêtus de leur saint habit, leurs confrères qui portaient le saint emblème. On le transférait triomphalement à l'endroit désigné, où après un discours de circonstance et les bénédictions liturgiques on l'adaptait, à la colonne qu'on lui avait préparée au préalable.

Nous voici arrivés au point précis qui nous intéresse plus spécialement. C'est en 1837, suivant l'usage immémorial, le prieur d'alors, M. Albisson, le sous-prieur, M. Marbouti et les pénitents décrétèrent, pour le 3 mai, une nouvelle érection. Les travaux furent confiés aux soins du fils du sous-prieur, M. Marbouti, qui s'en acquitta avec l'intelligence et le savoir-faire qu'on lui connaît. Le monument est simple mais de bon goût: c'est une colonne cannelée et à volutes de l'ordre ionique. Le socle qui supporte la colonne porte sur ses quatre faces les épitaphes suivantes.

Dans la première on y lit :

F. CÉSAR ALBISSON,
PRIEUR.
F.-P. MARBOUTI,
SOUS-PRIEUR
LE 3 MAI 1837.

———

O CRUX AVE

Dans la seconde :

TOUT PASSE
ET
LA CROIX
RESTE

Dans la troisième :

C'EST SON AMOUR
POUR NOUS
QUI L'Y TIENT
ATTACHÉ

Le maire actuel était M. Alu. Le curé d'alors, M. l'abbé Amat, présida lui-même la cérémonie et bénit la croix qui s'éleva bientôt toute rayonnante sur son chapiteau ionique. Le terrain sur lequel cette croix était située appartenait à M. de Galhault qui l'avait généreusement octroyé à la confrérie des pénitents pour l'installation de leur croix. Celle-ci domine le chemin qui conduit à la gare : elle apparaît là comme pour dire aux voyageurs que la vie est un voyage continuel vers une meilleure patrie. Sa présence en ce lieu fréquenté sollicite sans cesse un regard, un acte d'amour, une prière. Placée à l'entrée du village, elle en bénit et protège les abords : elle affirme hautement la foi de la population et son attachement aux traditions de ses ancêtres et semble dire aux passants qui la saluent : « C'est ici à jamais le lieu de mon repos. »

Ce n'est pas la seule croix qui s'élève sur cette terre bénie. A chaque renouvellement de prieur, qui se faisait toutes les années, l'élu était tenu, suivant la coutume, de planter une croix sur laquelle il avait droit d'inscrire son nom et celui du sous-prieur. C'est ce qui explique le grand nombre de croix qui se dressent dans le village et ses alentours. Quelques-unes remontent à une époque fort reculée. L'antiquité vénérable de ces pieux monuments confirme cet axiome bien connu : « *Stat crux, dum volvitur orbis.* »

V

« *O felix culpa !* »

C'est bien le lieu de dire ici : « Il eut mieux valu pour cet homme qu'il ne fût jamais né. » La croix dont nous faisons la monographie, malgré ses soixante ans d'existence, a été

profanée et brisée dans la nuit du 19 au 20 avril. Quelques
malfaiteurs, profitant des ténèbres favorables de la nuit, arrachèrent le chapiteau et la croix qui le couronnaient ; et comme cette dernière était en fonte, ils la brisèrent en plusieurs
morceaux. Tout dans cet acte de sauvagerie et de vandalisme dénotait de la part de ses auteurs une haine et une férocité
poussées à l'excès : c'est en ce sens et sans atténuer cependant
leur responsabilité, qu'on peut leur appliquer ces paroles du
Sauveur : « Pardonnez-leur, car ils ne savent ce qu'ils font. »
La haine et la colère aveuglent l'homme et le poussent à commettre les crimes les plus affreux. Ces misérables avaient été
irrités de voir le jour de Pâques plus de quatre cents hommes
s'agenouiller à la table sainte pour y recevoir leur Dieu et
leur Sauveur. Ils avaient vu la station du Carême, suivie par
presque toute la population avec ardeur et enthousiasme. M.
l'abbé Coudert avait su par sa parole éloquente, hardie et enflammée attirer autour de sa chaire un nombreux auditoire :
le succès de ces prédications a dépassé toutes les espérances,
et le spectacle de ces nombreuses communions d'hommes était
réellement admirable et émouvant. Ces fêtes si consolantes
pour notre foi, avaient exaspéré quelques malheureux égarés qu'on retrouve, hélas ! dans toutes les paroisses. Ils répondirent à ces grandes manifestations par une odieuse lâcheté dont ils prennent bien garde de se glorifier.

Lorsque aux premières lueurs du jour la nouvelle de la
profanation se répandit, ce fut dans tout le village une stupeur générale qui se manifesta bientôt par une grande indignation et une profonde douleur. M. le Curé ressentit la
douleur, et comme père et pasteur, plus vivement que ses
paroissiens. Durant toute la journée la croix brisée devint
l'objet de nombreux pèlerinages : on voulait constater par
soi-même le crime qui avait été commis, s'agenouiller devant
ses débris et demander grâce pour les malheureux profanateurs. Ce sacrilège a été pour tous un deuil public. Plusieurs
chemins de croix furent faits pour demander à Dieu réparation
de l'outrage. La vaste église se trouvait trop étroite pour
contenir la grande affluence de fidèles. Ceux-ci mêlaient
leurs larmes à celles de leur pasteur bien-aimé qui avait peine
à lire les prières des stations. Le dimanche suivant il monta
en chaire et fit un discours qui eut touché les plus endurcis :
les sanglots paralysaient sa voix. Il montra toute l'étendue du

crime, en rappelant d'autres excès semblables qui avaient été commis aux plus mauvais jours de la France ; il invita la population à manifester par sa conduite toute son horreur pour un tel crime et releva par d'éloquentes paroles son courage et sa foi. Son appel fut entendu : à la première messe du dimanche, fixée pour la fête réparatrice, un grand nombre d'âmes ferventes surent trouver le chemin de la Table Sainte et accomplirent par cet acte auguste une première réparation.

Quant aux coupables ils sont encore inconnus malgré l'enquête qui a été faite à ce sujet et qui se poursuit encore. Laissons-les savourer les fruits amers de leur ignoble victoire sur un crucifix inoffensif. Avouons que leur action n'est pas glorieuse. On comprend qu'ils aient eu besoin des ténèbres de la nuit pour commettre leur crime et qu'ils ont tout intérêt à ne pas se dévoiler. N'envions pas leur triste situation, mais plaignons-les plutôt. Nul doute que s'ils se fussent trouvés à la Passion du Sauveur, ils auraient contribué dans une large part à la mort du Fils de Dieu. A l'exemple de Caïphe, de Judas, de Ponce-Pilate et d'Hérode, leurs noms auraient traversé les siècles voués à l'horreur et à la malédiction de tous les peuples.

Ils se rient de la justice humaine qui n'a pu encore les atteindre, mais dans leur conscience une voix douloureuse s'est élevée, c'est le cri du remords, la voix de Dieu qui se fait entendre et qui les attend !

VI

« Fulget crucis mysterium »

Le jour de la fête expiatoire, le dimanche 25 avril, s'est enfin montré tout radieux. C'est une véritable journée de printemps que nous a ménagée la douce Providence. Le soleil rayonne dans tout son éclat dans un ciel sans nuage. La nature étale partout la richesse de sa végétation et semble vouloir, elle aussi, prendre part aux réjouissances. Le chemin, que domine la colonne encore privée de sa croix profanée, est bordé d'une superbe allée de platanes dont le feuillage épais forme un dôme gracieux au pieux monument. Dans les branches et dans les buissons, les oiseaux font entendre des concerts aériens en l'honneur de leur Créateur. La nature s'est mise en frais pour donner à la fête un cadre harmonieux et poétique.

Au lendemain de la profanation une croix fut achetée par les enfants du prieur, M. Albisson, à qui nous adressons nos plus vifs remerciements. A l'encontre des profanateurs qui n'avaient pas su respecter le saint emblème en quelque sorte consacré par la piété de leurs pères, ces fils dignes de leurs aïeux, ont voulu réparer eux-mêmes un outrage qui n'était pas seulement dirigé contre Dieu mais aussi contre leurs ancêtres. La croix, due à leur générosité, fut installée sur un brancard, que nos religieuses de la Présentation décorèrent élégamment avec de la verdure et des fleurs. La nouvelle croix est en fonte, comme l'ancienne; elle est toute ouvragée. Un Christ y est représenté : au bas deux anges se tiennent debout dans l'attitude de la prière. Puissent-ils la préserver à jamais contre de nouvelles profanations.

Elle demeura jusqu'au soir exposée dans l'église : toute la population est venue lui rendre un hommage de réparation. Les fidèles avaient eu la pensée délicate de tapisser le sanctuaire d'une multitude de cierges. Toutes ces petites flammes réunies projetaient une grande clarté et symbolisaient l'ardeur et la vivacité de la foi dans Aimargues. Tous s'inclinaient devant la croix exposée, les vieillards, les enfants, les personnes de tout âge venaient avec les mêmes sentiments de tristesse, de joie et de piété, vénérer le signe de notre salut. Nous en avons vu pleurer un grand nombre.

Mais la soirée nous réservait une plus grande surprise. A l'issue des vêpres, les cloches se mirent à sonner à toutes volées, annonçant à la paroisse que la procession se formait et se mettait en marche. Le cortège défile bientôt dans l'ordre suivant : les enfants des écoles des Sœurs, les jeunes filles, les congrégations de femmes, les enfants des Frères, les hommes et le clergé paroissial. M. le curé présidait la cérémonie. La croix portée par les petits enfants du Prieur avançait triomphalement entre les deux haies de la procession. Plus de six cents hommes attestaient par leur présence combien leur foi était vive et généreuse et combien ils réprouvaient la profanation sacrilège de la croix. Ces hommes ont été admirables par leur élan, leur enthousiasme, leur piété et leur mépris de tout respect humain. Il y en avait de tout âge, même un vieillard de 95 ans, qui avouait n'avoir jamais assisté à pareille manifestation. A la vue de ce cortège, imposant et magnifique d'hommes et de femmes on se sentait saisi par une émotion insurmontable. Les larmes étaient dans tous les yeux. Un millier d'exemplaires de cantiques fut rapidement distribué et épuisé. Nous retraçons ici ces paroles qui ont été chantées sinon avec ensemble du moins avec un enthousiasme impossible à décrire :

Vive Jésus ! vive sa croix ?
Ah ! qu'il est bien juste qu'on l'aime,
Puisque expirant sur ce bois
Il nous aima plus que lui-même !

Refrain

Chrétiens, chantons à haute voix
Vive Jésus ! vive sa croix ! *(bis)*.

Vive Jésus ! vive sa croix !
Car Jésus l'ayant épousée,
Elle n'est plus comme autrefois
Un objet d'horreur, de risée.

Vive Jésus ! vive sa croix !
Arbre dont le fruit salutaire
Répare le mal qu'autrefois
Fit le péché du premier père.

Vive Jésus ! Vive sa croix !
Ce n'est pas le bois que j'adore,
Mais c'est mon Sauveur sur ce bois,
Que je vénère et que j'implore.

Vive Jésus ! vive sa croix !
Prenons là pour notre partage ;
Ce juste, cet aimable choix
Conduit au céleste héritage.

Hommes, femmes et enfants chantaient ce cantique avec un entrain admirable. La procession dans un ordre parfait s'est déroulée dans les rues du village et sur la route ombragée, précédée de la croix processionnelle qui dominait comme un glorieux étendard. Près de quinze cents personnes se trouvaient dans le cortège, unies par les mêmes sentiments de foi, d'indignation et de bonheur. Toute cette foule était accourue spontanément, sans avoir été entraînée, ce qui prouve la force du sentiment religieux au sein de cette population rude mais intelligente et laborieuse. Dieu sans doute dût bénir du haut du Ciel ces longues phalanges de chrétiens qui allaient avec une touchante unanimité replacer sur son piédestal la croix que son Fils a consacrée par sa mort.

Arrivée au lieu de l'érection, la procession s'arrête et se masse sur plusieurs rangs de profondeur. Au milieu de l'émotion qui étreint tous les cœurs, la croix est déposée à terre : le silence, un silence émouvant, devient général ; les respirations s'arrêtent.... on écoute.... Debout M. le curé prononce les paroles liturgiques et bénit la nouvelle croix : il prie le Seigneur de la bénir pour qu'elle soit toujours *le salut de l'homme, la force de la foi, la rédemption des âmes, la consolation, la sauvegarde, et le bouclier de tous contre les atteintes des ennemis, enfin pour qu'elle nous accorde toujours la santé de l'âme et du corps.* Tous les assistants répondent d'un commun accord : Qu'il en soit ainsi.

La croix est alors enlevée au brancard et elle apparaît bientôt triomphante et rayonnante aux yeux de la foule, ivre de joie et criant dans le délire de son enthousiasme : Vive la croix ! vive la croix ! Auprès de nous un groupe de jeunes gens, sollicités de pousser les mêmes acclamations, nous répondent qu'ils n'ont plus de voix et que l'émotion les a paralysés. Tous ont les larmes aux yeux ; beaucoup pleurent et cachent leurs visages entre leurs mains. La croix est enfin replacée sur son chapiteau : le soleil qui l'éclaire la rend encore plus rayonnante et plus radieuse. C'est le véritable soleil de justice qui nous apparaît ainsi dans toute sa splendeur et son éclat. Après une dernière acclamation et le chant trois fois répété de : *O crux, ave, spes unica !* la procession se remet en marche vers l'église, qui, malgré ses vastes dimensions, ne peut plus contenir les flots nombreux des fidèles. Les hommes envahissent le sanctuaire jusqu'aux degrés de l'autel. Là encore l'enthousiasme est au comble : toutes les poitrines laissent échapper, malgré la sainteté du lieu, le cri cent fois répété de : Vive la croix ! La bénédiction du T. S. Sacrement est donnée en grande pompe au milieu du plus parfait recueillement. Tous les hommes chantent, et rien n'est plus majestueux que ces voix mâles réunies qui remplissent l'église d'une harmonie sonore et ravissante. O prodige ! les voix se taisent, la petite cloche fait entendre sa voix grêle, les fronts s'inclinent et le prêtre, prenant entre ses mains tremblantes Celui que ni la terre ni les cieux ne peuvent contenir, bénit toute l'assistance humblement prosternée, qui sent passer sur elle un souffle de bénédictions, de grâces et de charité.

O journée inoubliable et qui laissera une empreinte ineffaçable chez ceux qui en ont été témoins. On regrettait la faute, mais on bénissait Dieu d'avoir donné une occasion de lui manifester son amour et sa foi. *O felix culpa !* Combien cette fête a dû être pénible pour les profanateurs sacrilèges ! La grandeur, la beauté, la pompe de cette cérémonie toute spontanée leur ont montré toute la laideur et la honte indestructibles du crime qu'ils n'ont pas rougi de commettre. Pour nous, vaillants catholiques d'Aimargues, cette fête nous a appris à nous grouper et à mieux nous unir sous la croix qui nous abrite et qui nous sauve : elle a été une consolation pour les âmes ferventes, un puissant stimulant pour les faibles, et un remords perpétuel pour les misérables malfaiteurs ! Que le souvenir en soit impérissable ! Que les pères le redisent à leurs enfants, les maîtres à leurs élèves, les pasteurs à leurs brebis ! Qu'il soit à jamais le témoignage glorieux de notre foi, la preuve irrécusable de notre attachement et de notre fidélité à une Religion qui sait remporter de si beaux triomphes !

VII

« Lux orta est justo. »

Nous ne pouvons mieux terminer cet opuscule que par l'insertion d'une ode de Victor Hugo à la Croix. Elle résume admirablement nos impressions sur cette fête inoubliable. On la lira avec plaisir. Au reste il est curieux d'avoir pour soi le témoignage d'un poète que les francs-maçons et les mauvais sujets réclament pour eux.

« Verbe incréé, source féconde
De justice et de liberté,
Parole qui guéris le monde,
Rayon vivant de vérité,

Est-il vrai que ta voix d'âge en âge entendue,
Pareille au bruit lointain qui meurt dans l'étendue,
N'a plus pour nous guider que des sons impuissants ?
    Et qu'une voix plus souveraine,
    La voix de la parole humaine
    Étouffe à jamais tes accents ?

Mais la raison, c'est toi ; mais cette raison même,
Qui était-elle avant l'heure où tu vins l'éclairer ?
Nuage, obscurité, doute, combats, système,
Flambeau que notre orgueil portait pour s'égarer.
. . . .
. . . .
Ne sachant plus nommer les exploits ou les crimes,
Les noms tombaient du sort comme au hasard jetés,
La gloire suffisait aux âmes magnanimes,
    Et les vertus les plus sublimes
    N'étaient que des vices dorés.

    Tu parais, ton verbe vole
    Comme autrefois la parole
    Qu'entendit le noir chaos,
    De la nuit tira l'aurore,
    Des cieux sépara les flots
    Et du nombre fit éclore
    L'harmonie et le repos,
    Ta parole créatrice
    Sépare vertus et vice
    Mensonges et vérité ;
    Le maître apprend la justice,
    L'esclave la liberté,
    L'indigent le sacrifice,
    Le riche la charité !
    Un Dieu créateur et père
    En qui l'innocence espère
    S'abaisse jusqu'aux mortels ;
    La prière qui l'appelle
    S'élève à lui libre et belle,
    Sans jamais souiller son aile ;
    Des holocaustes cruelles
    Nos iniquités, nos crimes,

Nos désirs illégitimes,
Voilà les seules victimes
Qu'on immole à ses autels.

. . . .

. . . .

Et l'esprit éclairé par tes lois immortelles
Dans la sphère morale où tu guides nos yeux
Découvrit tout à coup plus de vertus nouvelles
Que le jour ou d'Erchelles
    Le verre audacieux
    Porta l'œil étonné
    Dans les célestes routes,
Le regard qui des nuits interroge les voûtes
Ne vit d'astres nouveaux pulluler dans les cieux.

Non jamais de ces feux qui roulent sur nos têtes,
Jamais de ce Sina qu'embrasaient les tempêtes,
Jamais de cet Horeb, trône de Jéhova,
    Aux yeux des siècles n'éclata
Un foyer de clarté plus vive et plus féconde
Que cette vérité qui jaillit sur le monde
    Des collines du Golgotha !

    L'astre qu'à ton berceau
    Le mage vit éclore
L'étoile qui guida les bergers de l'aurore
Vers le Dieu couronné d'indigence et d'affront,
Répandit sur la terre un jour qui luit encore,
Que chaque âge à son tour reçoit bénit, adore,
Qui dans la nuit des temps jamais ne s'évapore
Et ne s'éteindra pas quand les cieux s'éteindront.

Ils disent cependant que cet astre se voile ;
Que les clartés du siècle ont vaincu cette étoile,
Que ce monde vieilli *n'a plus besoin de toi* ;
Que la raison est seule immortelle et divine
Et que de jour en jour de ton temple en ruine
Quelque pierre en tombant déracine ta foi,
O Christ, il est trop vrai, ton éclipse est bien sombre,
La terre sur ton astre a projeté son ombre ;

Nous marchons dans un siècle où tout tombe à grand bruit,
Vingt siècles écoulés y mêlent leur poussière
Fables et vérités, ténèbres et lumière
Flottent confusément devant notre paupière,
Et l'un dit : c'est le jour ; et l'autre : c'est la nuit !
. . . .
. . . .
Mais pareils à l'éclair qui tombant sur la terre
Remonte au firmament sans qu'une ombre s'altère,
L'homme n'a pu souiller ta loi de vérité,
L'ignorance a terni tes lumières sublimes,
La haine a confondu tes vertus et nos crimes,
Les flatteurs aux tyrans ont vendu tes maximes :
Elle est encor justice, amour et liberté !
. . . .
. . . .
Et c'est en vain que l'homme ingrat, hélas ! de croire,
De tes autels brisés et de ton souvenir
Comme un songe importun veut enfin te bannir :
Tu règnes malgré lui jusque dans sa mémoire,
Et du haut d'un passé rayonnant de la gloire,
Tu jettes ta splendeur au dernier avenir,
Lumière des esprits, tu pâlis, ils pâlissent,
Fondement des états, tu fléchis, ils fléchissent,
Sève du genre humain, il tarit si tu meurs !
Racine de nos lois dans le sol enfoncée,
Partout où tu languis on voit languir les mœurs !
Chaque fibre à ton nom s'émeut dans tous les cœurs,
Et tu revis partout *jusque dans la pensee*
De tes ingrats blasphémateurs !

Phare élevé sur des rivages
Que le temps n'a pas foudroyés,
Les lumières de tous les âges
Se concentrent dans ton foyer,
Consacrant l'humaine mémoire
Tu guidas les yeux de l'histoire
Jusqu'à la source d'où tout sort.
Les sept jours n'ont plus de mystère
Et l'homme sait pourquoi la terre
Lutte entre la vie et la mort !

. . . .
. . . .

C'est toi dont la pitié plus tendre
Verse l'aumône à pleines mains,
Guides l'aveugle et viens attendre
Le voyageur sur son chemin,
C'est toi qui dans l'asile immonde
Où les déshérités du monde
Viennent pour pleurer et souffrir
Donnes au vieillard de saintes filles
A l'enfant sans nom des familles
Au malade un lit pour mourir.

. . . .
. . . .

Oui, de quelque faux nom que l'avenir te nomme
Nous te saluons Dieu ! car tu n'es pas un homme,
L'homme n'eut pas trouvé dans notre infirmité
Le germe tout divin de l'immortalité,
La clarté dans la nuit, la vertu dans le vice,
Dans l'égoïsme étroit la soif du sacrifice,
Dans la lutte la paix, l'espoir dans la douleur,
Dans l'orgueil révolté l'humilité du cœur,
Dans la haine, l'amour, le pardon dans l'offense
Et dans le repentir la seconde innocence !
Notre encens à ce prix ne saurait s'égarer
Et j'en crois des vertus qui se font adorer.

. . . .
. . . .

O toi qui fis lever cette seconde aurore,
Dont un second chaos vit l'harmonie éclore,
Parole qui portais avec la vérité,
Justice et tolérance, amour et liberté !
Règne à jamais, ô Christ, sur la raison humaine
Et de l'homme à son Dieu sois la divine chaîne.
Illuminée sans fin de tes feux éclatants
Les siècles endormis dans le berceau des temps,
Et que ton nom légué pour unique héritage
De la mère à l'enfant descendre d'âge en âge,
Tant que l'œil dans la nuit aura soif de clarté
Et le cœur d'espérance et d'immortalité,
Tant que l'humanité plaintive et désolée

Arrosera de pleurs sa terrestre vallée
Et tant que les vertus garderont leurs autels
Ou n'auraient pas changé de nom chez les mortels.

Pour moi, soit que ton nom ressuscite ou succombe,
O Dieu de mon berceau, sois le Dieu de ma tombe :
Plus la nuit est obscure et plus mes faibles yeux
S'attachent au flambeau qui pâlit dans les cieux,
Et quand l'autel brisé que la foule abandonne
S'écroulerait sur moi... temple que je chéris,
Temple où j'ai tout reçu, temple où j'ai tout appris,
J'embrasserais encore ta dernière colonne
Dussè-je être écrasé sous tes sacrés débris ! ! !

Fait le 3 mai 1897, fête de l'Invention de la Sainte-Croix.

X.

Nimes.— Imp. LAFARE Frères, place de la Couronne, 1.

www.ingramcontent.com/pod-product-compliance
Lightning Source LLC
LaVergne TN
LVHW021742030726
842523LV00003B/855